EXPOSÉ SOMMAIRE

DE LA

LÉGISLATION ACTUELLE

SUR LES OBLIGATIONS DES COMMUNES

ENVERS LES INSTITUTEURS

DES

Écoles primaires publiques,

PAR

Th. AUZIAS, avocat à Grenoble.

GRENOBLE,

BARATIER FRÈRES & DARDELET
Grand'rue, 4.

AUGUSTE CÔTE,
Libraire, rue Brocherie.

1872

EXPOSÉ SOMMAIRE

DE LA

LÉGISLATION ACTUELLE

SUR LES

OBLIGATIONS DES COMMUNES

ENVERS LES

Instituteurs des Ecoles primaires publiques.

L'examen de la législation conduit à reconnaître que les Conseils municipaux ne peuvent, en l'état, qu'émettre des vœux touchant le choix ou le changement des instituteurs, la décision restant soit au Préfet, soit au conseil départemental;

Qu'ils ne peuvent cesser de leur fournir tout ce qui est nécessaire à la tenue des écoles, et que le local à eux remis ne peut leur être retiré, avant qu'on ne l'ait remplacé par un autre également convenable et suffisant.

Que s'ils y manquent, l'autorité préfectorale a le droit d'y pourvoir d'office, à la charge de la commune, et que les instituteurs peuvent au besoin se pourvoir soit à l'administration supérieure, soit, selon les cas, par action civile aux tribunaux ordinaires.

En effet, au résumé des lois, décrets et circulaires visés, on trouve, ainsi que cela va être vérifié par les textes, que le législateur a considéré et réglementé les instituteurs communaux, au point de vue de l'intérêt public d'abord, puis au point de vue du droit et intérêt privé des instituteurs eux-mêmes.

Le but a été de pourvoir, au moyen d'obligations réciproques, à ce qu'exigent ces deux sortes d'intérêts, qui se pénètrent l'un l'autre, et dont l'un ne peut être atteint sans que les deux n'aient à en souffrir; ainsi :

I. — La loi oblige les aspirants au brevet de capacité, requis pour être aptes à devenir instituteurs, à faire les études nécessaires. C'est une carrière exclusive de toute autre, article 32, loi 15 mars 1850. — Il y faut moralité, travail, abnégation et on ne peut évidemment être privé d'une position ainsi acquise, sans de graves raisons dont le Conseil municipal n'a point été fait juge.

II. — Le Préfet nomme l'instituteur là où il y a vacance par décès, démission ou révocation; il fait cette nomination, *le Conseil municipal entendu*, mais sans être tenu de se conformer à son avis.

Selon les articles 31 de la loi du 15 mars 1850 et 14 du décret du 7 octobre suivant, le Conseil municipal nomme l'instituteur en le choisissant sur une liste d'admissibilité dressée par le Conseil académique; ou bien, s'il veut qu'il soit membre d'une association religieuse autorisée, il le nomme, sur la présentation faite par les supérieurs de l'association. L'institution du ministre est nécessaire; si elle est refusée, il faut faire une autre nomination.

Le décret du 9 mars 1852, article 4, a donné la nomination au Recteur, en ajoutant : *le Conseil mu-*

nicipal entendu; puis la loi du 15 juin 1854, articles 7 et 8, a transféré les pouvoirs du Recteur au Préfet.

Le Conseil municipal, même sous la loi de 1850, n'a jamais eu le droit de destitution ou de révocation ; article 33 de cette loi.

III. — Le Préfet n'a pas à prendre l'avis du Conseil municipal pour le simple changement d'instituteur. Une circulaire du 2 mars 1853 avait introduit cette grave modification, quoiqu'on pût penser que dans l'esprit de la loi, le Conseil municipal conserverait le droit d'être consulté en tous cas, et de dire s'il maintenait ou non son choix d'un instituteur laïque ou religieux. Le décret du 7 octobre 1850 disait seulement, article 15, qu'en cas de vacance par décès, démission ou autre cause quelconque, et en attendant la nouvelle nomination, le Recteur pourvoirait à la direction de l'école ; mais le 8 mai 1862, le sénat ayant émis un avis conforme à la circulaire du 2 mars 1853, elle a été confirmée par un autre du 12 juillet, même année 1862. — (Documents cités dans la circulaire du 27 octobre 1871.)

Non-seulement l'avis du Conseil municipal, lorsqu'il doit être consulté, n'est pas obligatoire pour le Préfet touchant la nomination, d'après les lois ci-dessus rappelées ; mais, de plus, s'il a alors la faculté d'exprimer son option entre un instituteur laïque et un membre des associations religieuses vouées à l'enseignement, son avis à cet égard ne fait point règle absolue. Le Préfet et aussi le conseil départemental auquel appartient la décision, doivent rechercher et juger :
« Si le vœu émis par le Conseil municipal est bien
» celui de la population elle-même ; si l'intérêt des
» études permet de l'adopter, et s'il est conforme

» aux prescriptions légales qui ont pu intervenir, en » ce qui concerne la constitution de l'école. » Circulaire du 28 octobre 1871, qui en cite une autre du 3 avril 1852, relative au décret du 9 mars précédent.

IV. — La commune est tenue de créer une ou plusieurs écoles publiques, selon les besoins; de pourvoir aux dépenses que ces écoles exigent, savoir : le traitement, le local, le mobilier classique, et aussi pour la salubrité et l'hygiène; en un mot, tout ce qui est nécessaire, afin que le but qu'on a en vue soit atteint, pour l'enseignement des enfants payant une rétribution, ainsi que pour celui des pauvres, qui doivent être reçus gratuitement par l'instituteur, sans qu'il puisse les refuser.

— *Ordonnance 29 février 1816*, article 14 : Toute commune est tenue de pourvoir à l'enseignement, et gratuitement pour les pauvres — *Loi 28 juin 1833*, article 9-21 ; de même, article 8 et 13 : elle dòit l'entretien et les dépenses reconnues nécessaires; — article 21 : le comité local veille à la salubrité de l'école, et à ce qu'il soit pourvu à l'enseignement gratuit des pauvres ; — *Ordonnance réglementaire, 16 juillet 1833*, article 2 : Le Conseil municipal s'oblige à pourvoir sans délai à l'établissement et entretien des écoles ; — article 3 : S'il n'a un local suffisant, il en loue un pour six ans au plus, par bail soumis à l'approbation du Préfet, et, dans ce délai, il en achète un ou le fait construire ; — article 8-12 : S'il ne pourvoit à tout le nécessaire, le Préfet le fait d'office, au budget de la commune ; — de même, article 7 *du décret du 18 octobre 1850 ;* — article 30, loi municipale du 18 juillet 1837 : Ces dépenses sont obligatoires ; article 61 : Le Préfet est autorisé à les ordonnancer d'office.

Loi 15 mars 1850, article 21 : Il est fait inspection pour la salubrité et l'hygiène ; — article 36, obligation d'entretenir une ou plusieurs écoles... et gratuitement pour les pauvres ; — article 37, obligation de fournir traitement, local convenable pour l'habitation et mobilier classique ; — décret *20 avril 1850 :* Les délibérations du Conseil municipal, pour l'entretien, sont transmises au Préfet...

7 Octobre 1850, décret réglementaire, pour la loi du 15 mars, article 7 : Inspection pour s'assurer que le local présenté par la commune est convenable pour l'usage auquel il est destiné.

— *Loi 10 avril 1867*, article 2 : Le nombre des écoles à établir dans chaque commune est fixé par le Conseil départemental, sur l'avis du Conseil municipal, et sauf l'approbation du ministre.

V. — Le Préfet a le pouvoir disciplinaire sur les instituteurs ; le cas échéant, il les réprimande, les suspend, les révoque et les change de résidence, sauf pourvoi au ministre. — Le maire peut seulement, en cas d'urgence, prononcer provisoirement la suspension, à la charge d'en référer dans les deux jours au Préfet.

— Loi 2 janvier 1850, article 3 ; — 15 mars, articles 30, 33 ; — 14 juin 1854, article 8.

Ainsi, le Conseil municipal ne peut enlever à l'instituteur son état ou sa fonction, de même qu'il ne peut lui refuser ce qui est nécessaire à l'exercice de cette fonction.

VI. — Lorsque les instituteurs sont pris parmi les membres des associations religieuses, d'après le vœu des communes, conformément à l'article 31, loi 15 mars 1850, il y a de plus à consulter les règles contenues dans les statuts de ces associations, qui ont été approuvées au conseil d'Etat, et auxquels les communes ont adhéré ou sont censées avoir adhéré, en demandant des instituteurs qu'ils régissent.

Ainsi, aux statuts des Frères des écoles chrétiennes, une clause porte : « que dans le cas où l'on voudrait » fermer un établissement, sa suppression ne pourra » avoir lieu qu'après avoir été notifiée six mois d'a- » vance au supérieur général. » C'est conforme à l'usage de Paris, en matière de bail; à Grenoble, c'est une mitigation de l'usage local qui exige, en cas de bail sans écrit ou à terme indéfini, que l'avertissement soit donné en janvier, pour le mois de septembre, c'est-à-dire huit mois d'avance.

En fait, les écoles des Frères remontent loin à Grenoble. Vers 1700, il s'y était formé une société pour le soulagement des pauvres et pour l'instruction des enfants; en 1707, elle installa dans la rue Saint-Laurent deux frères que lui accorda l'abbé de la Salle, fondateur de l'institut. Elle loua d'abord pour cela une maison avec le produit de souscriptions, qui donnèrent ensuite assez de ressources pour l'acheter, ce qui fut fait le 3 septembre 1732, au nom de l'Evêque.

Après la Révolution, le Conseil municipal délibère le 16 juin 1807, sous la mairie de M. Renauldon, que la maison de la rue Saint-Laurent serait réparée et rendue aux Frères. Au mois d'octobre suivant, une seconde école de deux classes fut ouverte sur la paroisse Notre-Dame, rue des Mûriers (aujourd'hui rue Abbé-de-la-Salle), dans une portion de maison dite de la Providence ou des Orphelines, qui était à la disposition de M. de Lagrée, curé de la Cathédrale; et en 1812, une troisième fut établie aux bâtiments de la Halle, pour la paroisse Saint-Louis. En 1814, le local de celle-ci fut repris pour quelque nécessité de service; M. le curé de la Cathédrale, de Lagrée, céda l'autre partie de la maison déjà occupée par l'école de la rue des Mûriers, et les deux écoles de Notre-Dame et de Saint-Louis furent ainsi réunies dans le même bâtiment. On sait que, depuis lors, ce bâtiment a été remplacé par la construction actuelle, qui sert aux classes tenues par onze Frères, et où se rendent les enfants des paroisses de Notre-Dame, Saint-Louis et Saint-Joseph.

En présence de ces textes, on voit qu'il n'y a réellement pas de question à discuter ou discutable. Il est bien constant, comme on l'a dit, que l'instituteur qui n'encourt pas de peine disciplinaire ne peut être troublé dans l'exercice de son état; — qu'il ne peut être renvoyé par le Conseil municipal; — que les vœux que celui-ci émet, lorsqu'il y a lieu, sur l'option entre l'instituteur laïque et l'instituteur religieux, sont appréciés, selon les circonstances, par le Conseil départemental; — qu'il ne peut refuser de fournir, ni retirer à l'instituteur ce qui rentre dans les termes de la loi, comme nécessaire au bon entretien de l'école.

Ceci implique non-seulement le traitement, un local convenable et suffisamment spacieux et le mobilier classique, mais encore tout ce qui est réellement indispensable pour tenir l'école, conformément aux prescriptions légales. Ainsi l'hygiène, la salubrité, la possibilité même du travail des enfants,

pendant le froid, exigent évidemment le chauffage
et l'éclairage. Cela est surtout incontestable pour les
enfants que l'instituteur est contraint de recevoir
gratuitement, par suite de l'obligation imposée à la
commune elle-même de pourvoir à leur enseignement. — Il doit en être de même des fournitures de
livres, papiers, etc., que les plus pauvres seraient
hors d'état de se procurer, et dont la dépense ne
saurait certainement, sauf accord particulier, être à
la charge de l'instituteur.

A l'égard du local, il faut joindre aux lois spéciales
rappelées plus haut, les règles du droit commun qui
protégent tout locataire, touchant la durée du bail.
Selon l'article 1736 du Cod. C., il faut se conformer
à l'usage des lieux, quand l'époque de la sortie n'est
pas déterminée, et on a vu ce qu'est cet usage à
Grenoble. On a vu aussi ce que portent les statuts
des Frères des écoles chrétiennes.

A Toulouse, la Commission municipale, tenant pour
abolies *ipso facto*, les lois sur l'enseignement, avait
fait sommation aux Frères d'évacuer dans trois jours
les locaux appartenant à la commune, et qui étaient
depuis longtemps affectés à leur école. — Ceux-ci,
vu l'urgence, se pourvurent en référé contre le Maire
ou président de la Commission, et le 11 janvier 1871
le président rendit son jugement.

Sans avoir recours aux lois spéciales, et tous droits
réservés pour être débattus au fond devant le tribunal,
s'il y avait lieu, il a considéré que les Frères ont pu
agir en référé, à raison du tort que peuvent leur faire
les délibérations du Conseil municipal, parce que « pour
» leurs droits de propriété ou de possession, pour les
» obligations civiles qu'elles contractent, les commu-

» nes et leurs administrateurs restent à l'égard des
» tiers dans le droit commun justiciable, *ratione*
» *personæ et materiæ*, des tribunaux ordinaires.....

» Que c'est bien dans ces conditions comme dans
» ce but, qui ouvrent la voie expéditive du référé, que
» l'institut agit ; qu'en effet, un ordre du président de
» la Commission municipale prescrivit au directeur
» des Frères d'avoir dans trois jours à évacuer et re-
» mettre à la commune les locaux lui appartenant....

» Que cette injonction instantanée, si péremptoire
» et trop prompte, ne permettait pas d'attendre, sans
» un péril réel, l'audience du tribunal pour y faire
» valoir une opposition...

» Que la Commission municipale donnant ses pré-
» férences à ses écoles projetées (laïques), aurait dû
» y pourvoir d'avance pour le logement, comme elle
» l'a fait pour le traitement.

» Que tout pressant que puisse être son intérêt
» à loger ses classes, l'intérêt de l'institut de ne pas
» fermer les siennes, n'est pas moins respectable ;
» que la Commune libre de satisfaire le sien, ne le
» peut qu'en s'abstenant de nuire aux droits d'au-
» trui......

» Que l'institut invoque ses statuts où il est stipulé :
» *Que dans le cas où on voudrait fermer un établis-*
» *sement, sa suppression ne pourra avoir lieu qu'a-*
» *près avoir été notifiée six mois d'avance au Supé-*
» *rieur général ;*

» Que si ni la ville ni l'institut ne sont à même de
» produire les traités intervenus entre eux et qui au-
» raient constaté la consécration de ces statuts, il
» est vraisemblable, que leurs conventions aient été
» écrites ou non, que le représentant de l'institut

» ne s'est engagé qu'en se conformant aux pouvoirs
» dont il était investi... que le référé ne comportant
» que des mesures provisoires, sans engager le prin-
» cipal, admet les présomptions à défaut d'autres
» preuves plus décisives;.

» Que les Frères (les instituteurs) ne sauraient être
» considérés comme des ouvriers gagés, des commis
» municipaux, qu'on peut congédier à tout instant....
» Que c'est à vrai dire une association· de fait, si
» l'on veut qui se forme entre les communes et l'ins-
» titut, pour une entreprise qui poursuit le même but,
» celles-là y participant de leurs locaux, celui-ci par-
» ticipant de l'aptitude et de l'abnégation de ses
» Frères;

» Que la retraite subite de l'un des associés... ne
» peut avoir et n'a pas pour résultat de contraindre
» l'associé surpris par la rupture, à abandonner aus-
» sitôt sa tâche..., etc., etc. ;

» Par ces motifs, ordonnons que pendant un délai
» de six mois, l'institut conservera sa possession...,
» etc. »

Cette décision est solidement et suffisamment mo-
tivée, mais elle aurait pu l'être encore plus directe-
ment, si le juge ne s'était pas abstenu, sans doute
à cause des circonstances du moment, d'opposer à la
Commission municipale les textes si précis, et nul-
lement abrogés, sur les instituteurs.

Le Frère directeur fit immédiatement un pourvoi
au ministre et au conseil d'Etat, mais les événements
retardèrent leur décision; le 6 juillet, une seconde
ordonnance accorda deux mois de plus, qui ne suf-
firent pas encore, et le 29 août le délai fut prorogé

indéfiniment, jusqu'à ce qu'il eût été statué sur le pourvoi.

Le fait de Toulouse s'est reproduit à Roanne où, en janvier dernier, la municipalité n'a accordé que vingt jours pour évacuer les locaux. Le juge de référé a donné également six mois; le maire fait appel de l'ordonnance; le Frère directeur se pourvoit au conseil d'Etat et, en attendant, les écoles subsistent en conservant leur local.

Partant, au point de vue du droit, il ne paraît douteux sous aucun rapport, que le Conseil municipal *ne soit obligé* de maintenir aux écoles communales, et en particulier, à celles tenues par les Frères des écoles chrétiennes, le traitement, les locaux dont elles jouissent et le mobilier classique.

Qu'il doit pareillement leur allouer, comme par le passé, le salaire des concierges, le chauffage ainsi que l'éclairage qui sont absolument indispensables pour l'hygiène, la salubrité et le travail des écoliers, et qui sont dus d'ailleurs d'autant mieux, qu'il s'agit d'écoles gratuites.

Qu'il doit de même pourvoir aux fournitures de livres et autres que les enfants pauvres sont hors d'état de se procurer à leurs frais.

Que dans le cas où ces allocations seraient refusées, l'autorité préfectorale ne fera que remplir un devoir en exerçant son droit d'y suppléer d'office.

Si des raisons graves survenaient pour attribuer le local d'une école à une autre destination ou à une autre école, ce serait à traiter de manière à ce qu'il n'en résultât aucune perturbation pour l'école qui est en possession; il faudrait, sous peine de violer les lois citées, la laisser en jouissance jusqu'à ce qu'on lui présentât un autre local équivalent, également convenable et suffisant; le tout constaté par les inspections et vérifications qu'exigent les règlements.

Ainsi, par exemple, l'école située rue Abbé-de-la-Salle, est destinée aux enfants de trois paroisses de la ville; elle en reçoit en l'état plus de 500, divisés en neuf ou dix classes; il est évident qu'on ne saurait lui présenter un autre local qui ne remplirait pas les mêmes conditions.

De plus et en fait, il conviendrait de ne pas perdre de vue que le bâtiment actuel n'est que la représentation de celui qui, en 1807, fut remis par M. le curé de Lagrée, en déplaçant les orphelines, spécialement pour servir à l'école des Frères, et que tant que ceux-ci subsisteront comme instituteurs, il est naturel et juste de le leur conserver.

Que si enfin les règles de droit ainsi reconnues venaient à n'être pas observées, les instituteurs auraient à aviser aux actions qu'ils auraient à intenter pour les faire respecter. Le recours à l'autorité administrative leur est toujours ouvert; mais si, pendant les longueurs qu'il entraîne, ils étaient troublés de fait, ils auraient d'abord la voie du référé devant M. le président du tribunal, et ensuite l'action civile ordinaire pour le fond, que le tribunal lui-même apprécierait.

Grenoble, le 15 décembre 1871.

Depuis la rédaction de ce travail, il est survenu de nombreuses décisions, qui feront sans doute cesser toute controverse, en éclairant enfin certains Conseils municipaux sur les illusions qu'ils se sont faites.

Ainsi, dans l'affaire de Roanne, le préfet de la Loire a rendu, le 19 décembre, l'arrêté suivant :

Le Préfet de la Loire,

Vu la délibération en date du 11 janvier 1871, par laquelle le Conseil municipal de Roanne a voté le remplacement de l'enseignement congréganiste par l'enseignement laïque dans les écoles primaires communales ;

Vu la décision préfectorale, en date du 20 du même mois, qui a approuvé la délibération précitée ;

Vu les plaintes et réclamations nombreuses contre la résolution prise par le conseil municipal de Roanne ;

Vu l'avis du conseil départemental de l'instruction publique, en date du 9 décembre courant, rendu au rapport d'une commission de six des membres dudit conseil ;

Vu la loi du 15 mars 1850 ;

Vu le décret du 9 mars 1852 ;

Vu la loi du 14 juin 1854 ;

Vu la loi du 10 avril 1867 ;

Considérant que les motifs avancés par le Conseil municipal pour justifier sa délibération du 11 janvier, ont été, par le conseil départemental, reconnus inexacts ,

Arrête :

Art. 1er. La décision préfectorale, en date du 20 janvier 1871, approbative de la délibération du Conseil municipal de Roanne, en date du 11 dudit mois, relative à la substitution de l'enseignement laïque à l'enseignement congréganiste, est rapportée.

Art. 2. N'est pas approuvée la délibération précitée du Conseil municipal, en date du 11 janvier 1871, en ce qui concerne la substitution de l'enseignement laïque à l'enseignement par les congréganistes.

Art. 3. Le présent arrêté sera transcrit en entier sur le

registre des délibérations du Conseil municipal de Roanne, en marge de la délibération du 11 janvier 1871.

Art. 4. Le présent arrêté sera adressé à M. le sous-préfet de Roanne, chargé de le notifier à M. le maire de Roanne et d'en assurer l'exécution.

Dans l'affaire de Toulouse, c'est le ministre lui-même qui, par un arrêté du 19 du courant mois de janvier 1872, vient d'annuler celui du préfet, M. Duportal, qui avait approuvé la suppression des écoles chrétiennes.

Précédemment, le 5 septembre, arrêté pour Libourne :

Le préfet de la Gironde, séant en conseil de préfecture, où étaient présents MM. Goujon, Giresse et Niel ;

Vu la délibération du conseil municipal de Libourne, en date du 14 août 1871 ;

Vu l'article 31 de la loi du 15 mars 1850, l'article 4 du décret du 9 mars 1852 et l'article 8 de la loi du 14 juin 1854 ;

Vu l'article 20 de la loi du 5 mai 1855 ;

Considérant que, par délibération en date du 14 août 1871, le Conseil municipal de Libourne a voté la transformation des deux écoles congréganistes en écoles laïques, et la suppression de l'allocation accordée aux Frères ;

Considérant que, si le Conseil a le droit d'exprimer un vœu sur les objets d'intérêt local, les termes de la délibération du 14 août établissent que le Conseil a entendu, non point exprimer un vœu, mais prendre une décision destinée à être immédiatement appliquée ;

Considérant que, d'après les lois actuellement en vigueur, les instituteurs primaires sont nommés par le préfet, sur la proposition de l'inspecteur d'Académie, le Conseil municipal entendu ;

Que ce droit, pour le Conseil municipal, d'être entendu et de formuler un avis sur le choix de l'instituteur, ne s'ouvre qu'au moment où il y a lieu de pourvoir à un emploi devenu vacant par décès, démission ou révocation ;

Qu'aucune loi n'a attribué aux conseillers municipaux le droit de révoquer les instituteurs ;

Que ce droit, d'après la législation actuellement en vigueur, appartient au préfet ;

Considérant que les deux écoles dont le Conseil a voté la transformation, sont dirigées par des instituteurs congréganistes, régulièrement nommés par arrêté pris par l'autorité compétente, conformément aux lois ;

Que le Conseil municipal de Libourne est sans droit pour décider la révocation d'instituteurs régulièrement nommés ;

Considérant qu'aux termes de l'art. 23 de la loi du 5 mai 1855 : « toute délibération d'un Conseil municipal portant sur » un objet étranger à ses attributions, est nulle de plein » droit » et le préfet en déclare la nullité en conseil de préfecture ;

Arrête :

Art. 1er. La délibération sus-visée, prise par le Conseil municipal de Libourne, le 4 août 1871, est déclarée nulle et de nul effet.

Art. 2. Le présent arrêté sera transcrit sur le registre des procès-verbaux du Conseil municipal de la ville de Libourne, en marge de la délibération annulée.

Art. 3. Le sous-préfet et le maire de Libourne sont chargés, chacun en ce qui le concerne, d'assurer l'exécution du présent arrêté.

Fait à Bordeaux, le 5 septembre 1871.

Le préfet de la Gironde,

Signé : Ferdinand DUVAL.

Beaucoup de Préfets, dit un journal, suivront-ils l'exemple de celui de la Gironde ? Ne serait-il pas temps de rappeler les Conseils municipaux à la stricte observation des lois qui définissent leur mandat et limitent leurs attributions ?

Obligés de respecter l'existence des écoles chrétiennes, il est des Conseils municipaux qui ont cru pouvoir atteindre leur but, en refusant le traitement des Frères et les fournitures accessoires ; c'est une illusion de plus que la loi aurait dû suffire à prévenir (voir les lois citées ci-dessus, nᵒ IV), et que de récentes décisions viennent également de réprimer.

Selon la loi du 10 avril 1867, article 2, le Conseil départemental fixe le nombre d'écoles à établir dans chaque commune, sur l'avis du Conseil municipal ; il détermine également les écoles auxquelles, d'après le nombre des élèves, il doit être attaché des adjoints.

A l'égard du traitement, ces règles sont différentes, selon qu'il s'agit d'écoles laïques ou d'écoles congréganistes.

La loi du 15 mars 1850, article 38, accorde aux laïques un minimum de 600 fr., qui peut s'accroître par le produit des rétributions scolaires. Ultérieurement, le minimum a été porté à 700 fr., puis à 800 fr. L'article 34 se borne à dire que le traitement des adjoints est fixé par le Conseil municipal, sur quoi, dans la discussion de la loi, le rapporteur disait que la quotité serait réglée par un accord entre le Conseil municipal, le Conseil académique et l'instituteur.

L'article 10 de la loi du 10 avril 1867 dispose que le minimum est de 700 fr., outre les rétributions scolaires ; ou bien, là où l'école est gratuite, il sera augmenté d'un supplément dépendant du nombre d'élèves.

L'article 13 dit que le Conseil municipal pourra demander, sauf l'approbation du Préfet, donnée sur l'avis du Conseil départemental, qu'au lieu de ces éventualités, il y ait un traitement fixe.

L'article 5 veut que les adjoints aient au moins 500 fr., ceux de première classe, et 400 fr., ceux de seconde. — Le Préfet règle le traitement des adjoints chargés d'écoles de hameaux.

A Grenoble, le Conseil municipal a adopté le traitement fixe ; les instituteurs titulaires ont 2400 fr. et les adjoints 1000. Celui de l'école primaire supérieure a 2750 fr. La ville paye en outre les dépenses accessoires et les concierges de toutes les écoles primaires.

Pour les instituteurs pris dans les associations religieuses, les règles ne pouvaient être les mêmes. L'article 31 de la loi de 1850 permet de les choisir, sur la présentation qui est faite par leurs supérieurs. L'article 34 dit que leurs Frères adjoints sont nommés et peuvent être révoqués par les supérieurs de ces associations. — De là il suit que pour leur nombre, comme pour leur traitement, les Conseils municipaux ont à s'entendre avec les supérieurs, sauf les autorisations ou approbations que doivent donner le Préfet et le Conseil départemental. Les accords ainsi faits constituent un contrat qui ne peut plus se résilier, de la part du Conseil municipal, sans les mêmes autorisations, et dont la résiliation, si elle est approuvée, ne peut être mise à exécution sans donner, six mois d'avance, un avertissement au supérieur (ordonnance de référé du président de Toulouse).

A Grenoble le contrat est, en l'état, depuis plusieurs années, que le nombre des Frères est de seize, avec un traitement de 700 fr. par Frère, sans distinction de titulaire ou d'adjoint. C'est 933 fr. 33 cent.

par mois, et déjà M. le Préfet, vu le refus du Maire,
a ordonné d'office au receveur municipal de payer
pareille somme pour les mois d'octobre, de novembre
et de décembre 1871.

Le Conseil municipal de Roanne, l'un de ceux qui
ont cru pouvoir refuser soit le traitement d'usage,
soit les dépenses accessoires, a donné lieu à un se-
cond arrêté ainsi conçu :

Le préfet de la Loire, séant en conseil de préfecture, où
étaient présents MM. Sauzéa, vice-président, de Marguerye
et André, conseillers ;

Vu les réclamations des Frères des écoles chrétiennes, instituteurs publics de la ville de Roanne, en date des 2 décembre
1871 et 2 janvier 1872, à l'effet d'obtenir le payement de leurs
traitements pendant les sept derniers mois de l'année 1871,
montant à 4,900 francs, ainsi que les frais accessoires, chauffage, éclairage et entretien, montant à 1,200 francs, soit en
totalité la somme de 6,100 francs ;

Vu la réponse négative de M. le maire de Roanne, en date
du 2 janvier courant;

Vu les rapports de M. le sous-préfet de Roanne, en date
des 3 et 15 janvier;

Vu le budget de la ville de Roanne pour l'année 1871 ;

Vu un mandat délivré par M. le maire de Roanne, à la date
du 31 janvier 1871, pour le payement du traitement des
Frères instituteurs du même mois de janvier, montant à
700 francs;

Vu l'arrêté du Préfet, en date du 16 juin 1871, qui a pro-
noncé l'ordonnancement d'office de la somme de 2,800 francs
pour le traitement des Frères instituteurs de Roanne pendant
les quatre mois suivants, de février, mars, avril et mai 1871;

Vu l'article 61 de la loi du 18 juillet 1837;

L'avis du conseil de préfecture entendu,

Arrête :

Art. 1er. — Il est enjoint à M. le receveur municipal de la ville de Roanne de payer à M. Thomas Alexandre, en religion frère Pantalus, directeur des Frères instituteurs de la ville de Roanne, la somme de six mille cent francs (6,100 francs), dont 4,900 pour traitement des sept derniers mois de l'année 1871, à raison de 700 francs par mois, et 1,200 francs pour frais accessoires de chauffage, éclairage et entretien.

Art. 2e. — Le présent, délivré pour tenir lieu de mandat, sera alloué en compte, en le rapportant dûment quittancé.

Art. 3e — Expédition du présent arrêté sera transmis à M. le sous-préfet de Roanne, chargé d'en assurer l'exécution.

Le Préfet de la Loire,
Signé DUCROS.

A Nevers, c'est le Ministre qui s'est chargé de faire justice d'une subtilité, au moyen de laquelle le Conseil municipal avait cru échapper à la légalité qui le liait. Il avait affecté de ne voir dans l'école des Frères, ayant droit acquis et fonctionnant depuis 1853, qu'une école libre, à laquelle les précédents Conseils auraient bien voulu accorder une subvention, que la commune était toujours libre de refuser.

Le Ministre vient de décider (26 ou 27 janvier) que « C'est à tort que la municipalité a considéré l'établissement congréganiste comme une école libre subventionnée, et a supprimé, pour 1872, l'allocation annuelle destinée à pourvoir au traitement des Frères.

» Le Conseil municipal, ajoute la dépêche ministérielle, dès lors qu'il s'agissait d'une école communale, aurait dû se borner, soit à en demander la suppression, soit à émettre un vœu pour que la direction en soit confiée à des laïques; mais ne pouvait pas, en supprimant l'allocation, se soustraire au payement d'une dépense obligatoire. »

Tout récemment, même décision pour les écoles d'Angers.

Cela connu, on ne saurait comprendre que toute discussion ne soit pas close, même pour les plus aveuglés.

AUZIAS,

Avocat à Grenoble.

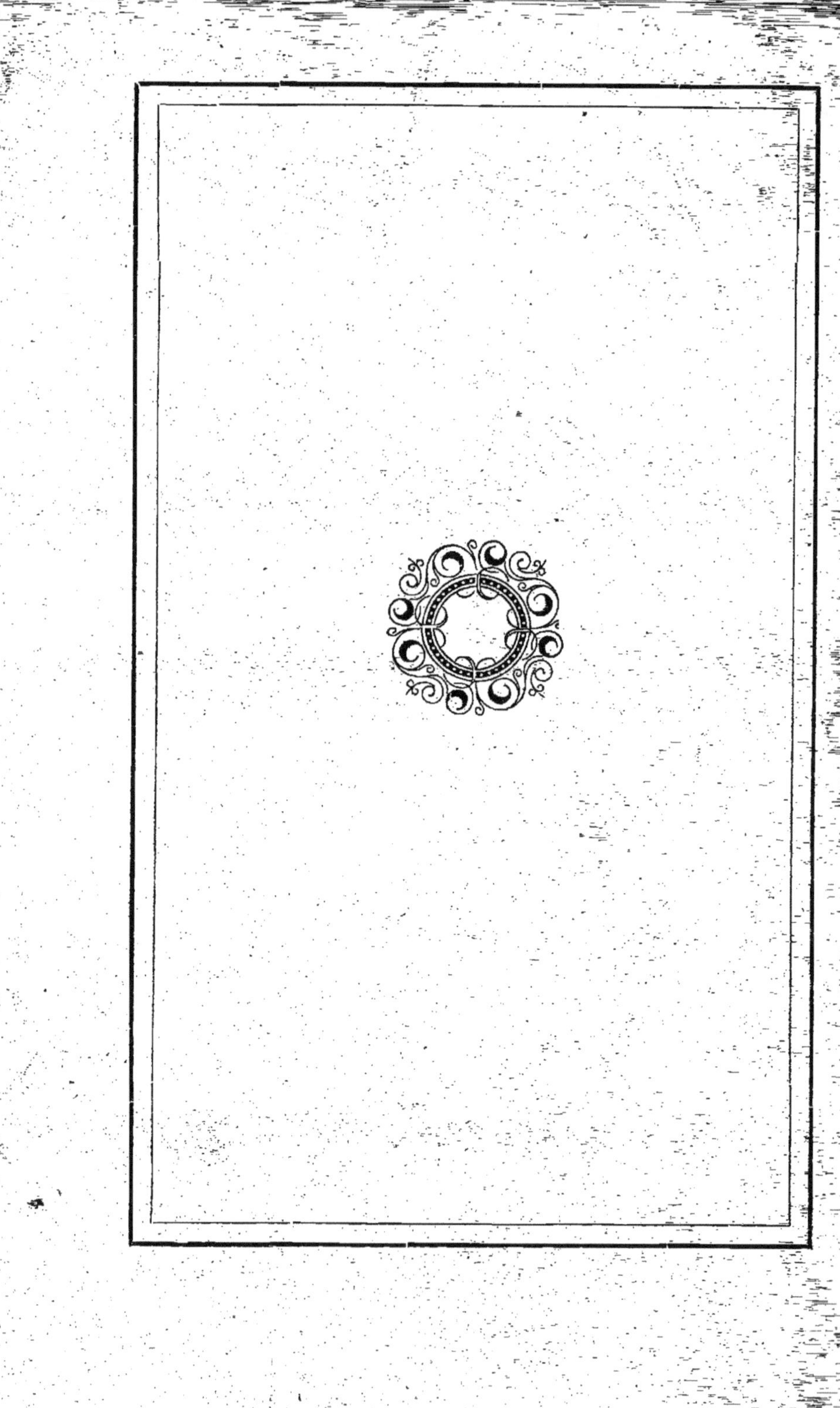